Jost Amman

Im Frauwenzimmer Wirt vermeldt von allerley schönen Kleidungen vnnd Trachten

der Weiber hohes vnd niders Stands, wie man fast an allen Orten geschmückt vnnd gezieret ist

Jost Amman

Im Frauwenzimmer Wirt vermeldt von allerley schönen Kleidungen vnnd Trachten
der Weiber hohes vnd niders Stands, wie man fast an allen Orten geschmückt vnnd gezieret ist

ISBN/EAN: 9783743624290

Hergestellt in Europa, USA, Kanada, Australien, Japan

Cover: Foto ©ninafisch / pixelio.de

Weitere Bücher finden Sie auf **www.hansebooks.com**

Im Frauwenzimmer
Wirt vermeldt von al=
lerley schönen Kleidungen vnnd Trachten
der Weiber/hohes vnd niders Stands/wie man fast an
allen Orten geschmückt vnnd gezieret ist/ Als Teutsche/ Welsche/
Frantzösische/ Engelländische/ Niderländische/ Böhemische/ Vngeri=
sche/ vnd alle anstossende Länder. Durchauß mit new=
wen Figuren gezieret/ dergleichen nie
ist außgangen.

Jetzund erst durch den weltberühmbten Jost Am=
man wonhafft zu Nürnberg gerissen.

Sampt einer kurtzen Beschreibung durch den wolgelehr=
ten Thrasibulum Torrentinum Mutislariensem al=
len ehrliebenden Frauwen vnd Jungfrauwen zu
ehren in Rhelmen verfaßt.

M. D.   LXXXVI.

Getruckt zu Franckfurt am Mayn In Verlegung
Sigmund Feyrabends.

Dem Ehrengeachten/

vnd fürnemen Herrn Johan Pythan/ vnd
der tugentsamen Frauwen Catharine Lochmenin
seiner Ehlichen vnd lieben Haußfrauwen/mei-
nen insonders günstigen Herrn
vnd Frauwen.

N was Ehren/ Würden vnnd Reputation
weibliche Zucht/ Ehr/ Keuscheit vnd Tugend bey
den alten gewesen/ vnnd gehalten worden/ darff
niemand viel nachfragens/ dieweil dasselbige al-
lenthalben in Göttlichen vnnd Weltlichen Historijs
hauffenweiß beschrieben vnd zu finden ist.

Vnd

Vorrede.

Vnd zum ersten/ so werden fromme/ Gottsförchtige keusche Weiber nicht allein von Menschen geliebet vnd geehret/ sonder auch gleich anfangs der Erschaffung der Welt von Gott selbsten gerühmet/ da er sagt im ersten Buch Mosis am andern Capitel: Es ist nicht gut/ daß der Mensch allein sey/ ich wil jhm ein Gehülffen machen/ die vmb jhn seye/ ꝛc. Darauß dann ein jeder verständiger leichtlich abzunemmen/ daß Gott allein das Weib dem Mann/ als die auß seiner Rippen erbauwet/ zu Trost/ Freud vnd Auffenthalt seines Lebens geschaffen ist. Wie denn auch Jesus Syrach in seinem Buch der Weißheit/ vnd fürnemlich im sechs vnd zwäntzigsten Capitel das Lob frommer vnnd Gottsförchtiger Weiber höchlich rühmet/ vnnd gantz weitläuffiger weise außbreitet vnd beschreibet/ in dem er sie deß Manns Leben vnd Freude/ ein edele Gabe Gottes/ auch ein Zierde vnnd güldene Sewle deß Hauses nennen thut.

Item der Königliche Prophet David rühmet ein frommes Weib gar hoch in seinem hundert vnd acht vnd zwäntzigsten Psalmen/ da er spricht/ Das Weib wirdt im Hause seyn/ wie ein fruchtbarer Weinstock voller guter Trauben/ vnnd die Kinder vmb den Tische/ wie frische Oelzweige/ ꝛc.

Damit wir aber auch kürtzlich etlicher frommer Gottsförchtiger Weiber gedencken/ so haben wir kein geringes Exempel der Demut an der gehorsamen Sara im ersten Buch Mosis am achtzehenden Capitel/ da sie jhren Mann Herr hieß/ vnd sprach/ Nun ich aber alt bin/ soll ich noch Wollust pflegen/ vnd mein Herr auch alt ist/ ꝛc.

Was für grosses Lob auch die Gottsförchtige Judith hindersich verlassen / das finden wir erstlich in jhrem Buch am 7. Capitel/ in dem sie die Eltesten/ der Statt Bethulia straffet/ daß sie Gott ein gewissen Tag der Hülffe setzeten vnd bestimbten/ vnd also

Vorrede.

alſo gleich Gottes Meiſter ſeyn wolten / ermahnet ſie auch zum Gebet/ vnd eröffnet jnen letzlich jhren Anſchlag/ was ſie zu thun in Willens / Wie ſie dann daſſelbig im dreyzehenden Capitel gemeldtes Buchs an dem Truncken boltz vnd Vollzapffen Holoferne mit Beyſtand Göttlicher Hilff vnd Genaden vollbracht vnd jhme/ als er jhm Betth gelegen vnd geſchlaffen/ ſein Haupt mit einem Schwerd abgehauwen/ vnnd alſo die betrangte Statt Bethulien/ ſo allbereyt an aller Hülff verzagt / von jhrem mächtigen Feind dem grewlichen Wüterich erlöſet hat.

Welcher maſſen auch die Gottsförchtige Abigail jr gantzes Hauß für dem Grimme Davids (welcher durch jhren Mann/ den Gottloſen Nabal erzürnet war) erhalten habe/ das finden wir im erſten Buch Samuelis am fünff vnd zwäntzigſten Capitel.

So leſen wir auch in der Bibel was die fromme Gottsförchtige Eſther durch jhre Frombkeit/ Zucht/ Ehr/ Keuſcheit vnnd Gehorſam gegen jhrem König Artaxerxe erlanget/ vnd alſo jr gantzes Geſchlecht der Jüden / ſo allbereit durch den Gottloſen Haman auff die Fleiſchbanck gelieffert war/ von dem Schwerd vnd Todes noth erlöſet habe.

Wie auch nicht weniger die fromme/ keuſche vnd Gottsförchtige Suſanna deß Joiakims Weib nimmermehr genugſam zu loben/ welche viel lieber einen grewlichen ſchmehlichen Tod leyden/ vnd verſteiniget hat werden wöllen / als jhr Ehbett beflecken vnnd verunreynigen/ Endlichen aber doch auß wunderbarlicher Schickung deß Allmächtigen Gottes durch den Daniel vom bitteren Tod erlöſet/ Vnnd hergegen die zween alte falſche Verrähter/ an jhre ſtatt von der Gemeine mit Steinen zu Tod geworffen worden.

Vnnd iſt ſich zu letzt auch noch höchlichen vber die keuſche Lucretiam zu verwundern/ welche wol billich ein Spiegel der Keuſcheit zu nennen iſt. Dann wie der berümpt Hiſtorien Schreiber Titus Livius in ſeinem erſten Buch der Römiſchen Hiſtorien ſchreibet/ ſo iſt auff eine zeit jhr Mann Collatinus bey etlichen Herren

Vorrede.

Herren ausserhalb der Statt Rohm gesessen/ vnnd in dem sie vnter anderem Gespräch auch von Weiblichen Tugenten vnnd Keuscheit angefangen zu reden/ vnnd ein jeder seine Fraw gelobet/ so hat doch Collatinus seine Lucretiam den anderen allen an Keuscheit vnnd Tugendt fürgezogen/ wie sich denn solches zu letzt auch in der That also befunden. Dardurch der Sextus Tarquinius der massen gegen sie in vnordentlicher Liebe entzündet worden/ daß er sie wider jhren Willen/ vnnd also mit Gewalt zu seinem Willen gezwungen hat/ Nach welchem sie jhren Mann Collatinum, deßgleichen jhren Vatter/ wie auch die Freundschafft zu sich gefordert/ jhnen die Schand vnnd gewaltige Vnzucht/ so Sextus Tarquinius an jhr gerbet vnnd vollnbracht/ mit weinenden Augen vnnd schweren Seufftzen entdeckt/ vnd geklaget/ Vnnd damit sie ja menniglichen jhre Keuscheit offenbar machen möchte/ sich endlich mit einem Messer/ welches sie heimlich vnter jrem Kleid verborgen getragen/ selbst erstochen. Vnnd sind solcher Exempel allenthalben noch viel zu finden/ welche allhier alle zu beschreiben/ viel zu lang were.

Demnach aber Gottsförchtige vnd fromme Matronen beneben einem erbaren züchtigen Wandel/ sich fürnemlich feiner erbarer Kleidung (doch eine jede jhrem Stand gemeß) gebrauchen/ Auch ohne das ein erbar Kleid ein erbar auffrichtig Gemüth anzeiget/ Vnnd ich mit Gelegenheit gegenwertiges Büchlein von allerley Nation hohes vnd niders Stands Weiblicher Trachten vnd Kleidung im Truck außgehen zu lassen willens gewesen/ vnnd wem (der diser Ehren werth sey) ich dasselbe zu ehren heimschreiben vnnd dediciren möchte/ in bedacht benommen/ darneben auch günstiger Herr/ euwere vielfältige mir erwisene Gutthat vnnd mit mir erhaltene Freundschafft zu Gemüth geführet/ hierumb hab ich dieses Büchlein euch vnnd euwer geliebten Haußfrauwen (an dero Zucht/ Erbarkeit vnd Tugend ich nie kein taddel gespüret) meinen insondern günstigen Herrn vnnd Frauwen sampt vnd sonders (als die ich der Ehren wol würdig achte) dediciren vnd heimschreiben

Vorrede.

heimschreiben/ vnd hiermit zu Wündschung aller glückseligen Wolfahrt verehren wöllen/ Freundlich bittende solche Dedication in massen dieselbe auß freundtlicher Wolmeynung von mir angesehen/ vermercken/ vnd jhnen günstig gefallen zu lassen. Vnnd bin der gäntzlichen Zuuersicht/ jhr werdet herauß mein danckbares vnnd wol geneigtes Gemüth etlicher massen spüren vnnd euch vmb so viel mehr in günsten gefallen lassen. Welches so ich spüren werde/ daß es euch zu Ehren/ Ruhm vnnd freundlichem Wolgefallen gereichet/ wirdt es mir künfftig deren in stattlichern Wercken nit weniger rühmliche meldung zu thun vrsach vnd anlaß geben/ Dem Allmächtigen Gott euch beyde/ sammt euwern geliebten Kindern vnd gantzem Haußgesinde/ wie auch vns alle/ in seinen gnädigen Schutz vnd Schirm zu zeitlicher vnd ewiger Wolfahrt befehlende. Datum Franckfort am Mayn am Grünen Donnerstag/ im Jahr als man zehlet von der seligmachenden Geburt vnsers angeliebten Herrn vnnd Erlösers Jesu Christi/ Fünffzehen hundert/ achtzig vnd sechs.

E. E.

Freundwilliger

Sigmund Feyrabend
Buchhändler.

ANNO M. D. CCC. LXXX.

Allen denen / so der Kunst vnd Malerey zugethan / vnd deren Liebhabern / sowie vnseren lieben Frawen zu sonderm Gefallen / fürnehmlich aber zu Ehren des weylandt fürtrefflichen

Jost Amman von Nürnberg
geboren zu Zürich 1539 / gestorben zu Nürnberg im März 1591

von neuwem mit Keyserlich teutschen Freyheiten an Tag geben. In Verlegung Georg Hirth's zu Leipzig vnd München. Gedruckt von Knorr vnd Hirth zu München.

Dasselbe Büchlein ist auch mit artigen lateinischen Verslein zu haben unter dem Titel:

GYNAECEUM *SIVE*
THEATRUM MULIERUM.

Die Keyserin.

GLeich wie die Sonn am Himmel leucht/
    Wann morgens der Tag herfür kreucht/
Vnd gibt viel einen grössern Schein/
    Dann andere Stern in gemein/

Also ist im Römischen Reich
    Keine Fraw der Keyserin gleich/
Sie haben allesampt von ihr
    Den Namen/ Lob/ preiß/ Ehr vnd zier.

Ein Königin.

DJe du vor augen sihest stohn/
　Bedeut ein Königlich person/
Auß Königlichem Stamm erwehlt/
　Vnd einem König auch vermehlt.

An jhrem Leib tregt sie ein Kleid
　Mit Gold vnd Edelgstein bereit/
Ein gülden Kron auff jhrem Haupt/
　Das ist den Königin erlaubt.

Königin in Franckreich.

Diß Bild sihet nicht fast vngleich
　　Einer Königin in Franckreich/
Sie hat ein Königliche Kron
　　Auff ihrem zarten Haupte stohn.

Ist sonst auffs aller best geziert/
　　Ihr Kleid gar künstlich vberführt
Mit Gold/ Perlen/ Edelgestein/
　　Es könnte nicht wol schöner seyn.

Ein Königin in Hispanien.

WAnn mich nicht gar betreugt mein Sinn/
So geht also die Königin
In Hispanien wol geziert/
Wann sie ein wenig außspatziert/

Mit dieser Hispanischen Tracht/
Treibt sie ein sonderlichen pracht/
Doch kan es nicht seyn gar vnrecht
Vnterm Königlichen Geschlecht.

Ein Fürstin in Hispanien.

ALso ist ein Fürstlich person/
  In Hispanien angethan/
Mit schönem köstlichem Gewand/
  Als man das jmmer hat im Land.

Mit Sammet/ perlen/ Seiden rein/
  Gold/ Silber vnd Edelgestein/
Mit grossem Kosten vnd Arbeyt/
  Alles zum fleissigsten bereyt.

Ein Teutsche Fürstin.

HIe stehet ein Fürstliches Weib
  Mit stoltzem vnd geradem Leib/
Erzogen in ihrer Jugend
  Zu aller Fürstlichen Tugend/

Gezieret nach der Teutschen Art/
  Von Sitten holdselig vnd zart/
Weiß sich zuschicken mit Gelimpff/
  Es sey zu Ernst oder zu Schimpff.

Ein Teutsche Fürstin.

Also gehn in dem Teutschenlandt
    Etliche Fürstin im Gewandt/
Ohn allen sonderlichen pracht/
    Vnd haben mitler weil gut acht/

In der Hoffhaltung auff den Herdt/
    Wie ihrer Herrn gepfleget werdt/
Vnd sonsten vnbeschweret bleib
    Der arme Mann an Gut vnd Leib.

Ein Teutsche Gräffin.

DJe Teutsche Gräffin zieren sich/
    Mit der Kleidung gar säuberlich.
Dann sie sind nur vmb einen Grad/
    Geringer als der Fürstlich Stad.

Sie werden auch mit grossem fleiß
    Erzogen nach Fürstlicher weiß/
Zu aller Zucht vnd Erbarkeit/
    Vnd zu Adlicher höffligkeit.

Ein Jungfraw auß der Fugger Geschlecht.

WAnn sich ein Jungfraw schmücket recht/
  Nach Brauch auß der Fugger Geschlecht/
Zieret sie sich mit gantzem fleiß/
  Gar nach auff für gemalte weiß.

Das Haupt mit einem Krönelein/
  Das Haar muß außgeflochten seyn/
Das Kleid von köstlichem Gewand/
  Ein Fähnlein tregt sie in der Hand.

Ein Edelfraw in Hessen.

Jch hette gar nah vergessen
    Der Edlen Frauwen in Hessen.
Sie bleiben noch wol vnveracht
    Mit jhrem adelichem Tracht.

Sie sind vberauß gefliessen/
    Wann sie vielleicht etwas wissen/
Mit hauß halten zu ersparen/
    Sie thun jhr Ehr auch verwahren.

Ein Pfältzische Edelfrauw.

DIe Churfürstliche pfaltz am Rhein
  Hat viel vnd schöne Jungfräwlein/
Vom Adel vnd Rittern geborn/
  An Zucht vnd Tugend außerkorn.

Vom Leib gerad/ frisch vnd gesund/
  Freundlich mit Worten alle Stund.
Der Religion zugethan/
  Wiewol man sie viel hindert dran.

Eins Burgers Weib zu Heidelberg.

Zu Heidelberg eins Burgers Weib
    Gekleidet ist an jhrem Leib
Fein sauber vnd doch erbarlich/
    Wie das in der Statt ist bräuchlich/

Redsprechig/ frölich vnd bereyt
    Zu dienen in Freuden vnd Leyd.
Gott geb jhn allen Glück vnd Heyl/
    Vnd das ewig Leben zu theyl.

Ein Speierische Frauw.

Zu Speir an dem Cammergericht/
    Werden viel krummer Sach geschlicht/
Es weiset auß der Augenschein/
    Daß hübsche Weiber daselbst seyn.

Ich sage das ohn argelist/
    Wer jemals da gewesen ist/
Der muß mir das Zeugnuß geben/
    Daß sie auch nach Ehren streben.

Ein Sächsische Edelfraw.

ES ist allenthalben bekandt/
    Was starcke Leut gibt Sachsenland/
Die Frauwen sind da wol formiert/
    Mit starcken Geliedern staffiert/

Sie haben auch ein Mannes Hertz/
    Es gelte gleich Ernst oder Schertz/
Sie haben jhr gebürlichs Lob/
    Wiewol die Sprach ist etwas grob.

Ein Sächsisch edle Jungfraw.

DJe Sächßisch Edele Jungfraw/
　　Mit sonderlichem fleiß beschaw/
Ob es nicht sey die recht proportz/
　　Ist weder zu lang noch zu kurtz.

Nicht gar zu dick/ auch nicht zu rhan/
　　Mit Kleidern Sächßisch angethan/
Eim Junckern zu Betth vnd zu Tisch/
　　Zu dienen ist sie wunder frisch.

Ein Meichsnische edle Matron.

HIe sthestu für augen stohn/
 Ein edle Meichsnische Matron/
In jhrem gewöhnlichem Tracht/
 Wie in dem Land ist her gebracht/

Ist zart vnd schön von Angesicht/
 Mit Geberden wol abgericht/
Weiß Reden zu begegnen bald/
 Wies erfordert der Sach gestalt.

Ein Meichsnische Edelfraw in der Klag.

ALso verhüllet jhren Leib
  Ein adeliches Meichsnisch Weib/
Vom Haupt biß auff die Füß hinab/
  Wenn sie beleitet zu dem Grab

Jhren Mann/ oder sonst jemand/
  Der jhr mit Freundschafft ist verwandt/
Biß die Trawrzeit erreicht jhr end/
  Vnd Gott jhr Klag in Freud verwendt.

Ein Meisnische edel Jungfraw.

Hie stehet ein Jungfräwlein zart/
    Vom Adel auff der Buler Warth/
Das Kräntzlein setzt sie auff ein seit/
    Nach deß Lands Meichsen Gewonheit.

Hat gleichwol nicht vbrig Reichthumb/
    Ist doch holdselig/ hübsch vnd frumb/
Eins reichen Junckers sie begert/
    Vielleicht sie Gott dessen gewerth.

Ein Leipzische Matron.

DAs ist ein Leipzische Matron/
    Mit jhrem Habit angethan/
Ist nun bey viertzig Jaren alt/
    Wiewol noch zimlich wol gestalt.

Der Haußhaltung/ Religion/
    Vnd Kinderzucht nempt sie sich an/
Vnd hoffet von Gott mit Gedult
    Verzeihung aller jhrer Schuld.

Ein Leipzische Jungfraw.

ZV Leipzig hat es Jungfrauwen/
    Die lassen sich warlich schauwen/
Von Angesicht gar wol gestalt/
    Ihr Zucht mir für andern gefalt.

Ihr Red ist vberauß lieblich/
    Ihr Geberden gantz säuberlich/
Darzu sind sie gezieret auch
    Zum besten nach Meichsnischem Brauch.

Ein Jungfraw auß Thüringen.

Thüringen ist ein herrlich Lande/
    In Historien wol bekandt/
Darinn lassen sich auch schauwen/
    Viel tugentreiche Jungfrauwen/

Erzogen wol in der Jugend
    Zu aller Frombkeit vnd Tugent/
Mit Kleidern auch schön angethan/
    Nach deß Lands Brauch/ steht in wol an.

Ein Schlesische Braut.

BEschaw diese seltzame Tracht/
   So in Schlesien hergebracht/
Wann ein Jungfraw vermehlet ist/
   Vnd sie sich nun zum Kirchgang rüst/

Dann wirdt sie also angethan/
   Wie du das Bild sichst für dir stahn.
Sonst hab ich nie kein Braut gesehn/
   In solchem Schmuck zu Kirchen gehn.

Ein Fraw auß Schlesien.

Jn Schlesien sind weibs person/
  Mit Kleidern gar fein angethan/
Eins Burgers weib schmückt sich also/
  Wie diß Bild steht für Augen do.

Jhr Hauben vnd Mantel ist rauch/
  Mit peltz gefüttert nach Landsbrauch/
Da ist kein sonderlicher pracht/
  Vnd ist gleichwol ein sauber Tracht.

Ein Fraw in Oestereich.

EIn fraw in Oestreich kleidet sich
  Fein erbar vnd gar säuberlich/
Kein Vberfluß wirdt da gespürt/
  Mit Tugent ist sie wol geziert.

Sie ist ihrm Mann gehorsam gern/
  Erkennet ihn für ihren Herrn/
Befleisset sich seinen Willen
  Mögliches Fleiß zu erfüllen.

Ein Schwäbische Jungfraw.

MIt sonderlichem fleiß beschaw
　Die schöne Schwäbische Jungfraw/
Das Angesicht ist rund vnd klar/
　Am Rücken ab hengt jhr geel Haar/

Die Kleider stehen jhr wol an/
　Ihr Zucht gefellet jedermann/
Sie macht bißweilen breite Wort/
　Doch geht jhr die Red dapffer fort.

Ein Schwäbin von Hall.

DAs ist zu Hall im Schwabenland
    Der Weiber Zierd im gmeinen Standt/
Ein sauber schlecht vnd erbar Tracht/
    Ohn allen Vberfluß vnd pracht/

Darinn gefällt sie jhrem Mann
    Besser/ als wer sie angethan
Mit einem gantzen gülden Stuck/
    Die Tugent ist jhr bester Schmuck.

Ein Augspurger Jungfraw.

DIe Augspurgischen Jungfrauwen/
   Lassen sich warlich beschauwen/
Sind holdselig von Angesicht/
   Vnd mit Geberden abgericht/

Mit Kleidung also angethan/
   Daß sie gefallen jederman.
Im Hauß/ auff der Gassen/ beim Tantz
   Haben sie acht auff ihre Schantz.

Ein Geschlechterin zu Augspurg.

Zu Augspurg man gezieret findt
  Die Weiber so Geschlechter sind/
Aller Gestalt an jhrem Leib/
  Wie hie gemahlet steht das Weib.

Ihr Tugent ist nun lange Zeit
  Berhümbt gewesen nah vnd weit.
An Gelt vnd Gut sind sie gar reich/
  Mit Demut doch den Armen gleich.

Eins gemeinen Burgers Fraw zu Augspurg.

ZV Augspurg mag man beschauwen
    Eins gemeinen Burgers Frauwen/
Gekleidet/ wie das Bild hie steht/
    Wann sie auß jhrem Hause geht.

Kein ander Tracht sie brauchen soll/
    Wil sie jhrm Mann gefallen wol/
Ihr Freundligkeit vnd Erbarkeit
    Ist sonst berühmet weit vnd breit.

Ein andechtige Fraw zu Augspurg.

EIn weib also gezieret ist/
    Zu Augspurg eben zu der frist/
Wann sie wil zu der Kirchen gehn/
    Wie du die Figur sthest stehn/

Ein Büchlein tregt sie in der Hand/
    Ein pater noster ohn Verstandt.
Der priester kan sie lehren wol/
    Wie man alles verstehen soll.

Ein Augspurger Magd.

DIe Augspurger Mägd sind nicht reich/
    Doch sehen sie den Leuthen gleich.
Vnd tretten gar wacker daher/
    Als wann die Gaß jhr eigen wer/

Mit weissen Stiffeln angethan/
    Wol auffgeschürtzt lauffens darvon/
Sie dienen trewlich jhren Herrn/
    Man hat sie allenthalben gern.

Ein Straßburger Fraw.

Zv Straßburg in der werden Statt
    Man gar ein erbar Kleidung hat/
Ein junges Weib gehet daher/
    Schier als wann sie ein Engel wer.

Gar züchtig sind all jhr Geberd/
    Die Augen schlecht sie auff die Erd/
Jhr gantzer Wandel still durchauß/
    Vnd bleibet gern in jhrem Hauß.

Ein Fraw von Basel.

ZV Basel haben die Wyber
    Gesunde vnd starcke Lyber/
Sind auch von Natur hübsch vnd schon/
Mit Kleidern zimlich angethon/

Ohn allen vnnötigen pracht/
    Sonder halten ein erbar Tracht/
Sind freundlich/ frölich vnd Mannlich/
Vnd lassen Gott sorgen für sich.

Ein Jungfrauw von Zürch.

Zu Zürich in dem Schweitzerland/
    Das weit vnd breit ist wol bekandt/
Sind auch wol proporcionirt/
    Die Jungfrauwen/ vnd schön geziert.

Da leuchtet Tugent vnd Frombkeit/
    Ehr/ Zucht vnd all Bescheidenheit/
Wil jetzt nicht sagen von dem Kleid/
    Das ist auch gut vnd wol bereit.

Ein Geschlechterin zu Franckfort am Mayn.

Zu Franckfort in der Handelstatt/
    Man viel alter Geschlechter hat/
Begabet mit Gottseligkeit/
    Gut/ Gelt/ Ehr/ Tugend vnd Weißheit.

Ihr Weiber alle Tugendreich
    Sind gezieret dem Adel gleich/
Doch weiß jede nach jhrem Stand/
    Zu tragen gebürlich Gewand.

Eins Junckers Tochter zu Franckfurt.

Zu Franckfurt an dem krummen Meyn/
 Junckers Töchter gekleidet seyn/
Wie dir anzeiget dises Bild/
 Wann jhnen nun die Brust geschwilt/

Vnd sich an jhnen offenbar/
 Erzeigen die Mannbare Jar/
Vnd haben nun gelehrnet wol/
 Wie man rätlich haußhalten soll.

Ein Braut zu Franckfurt von den Geschlechterin.

EIn Braut zu Franckfurt an dem Meyn/
    Wann sie nicht mehr gern schläfft allein/
Sondern begibet sich zu hand
    In den hochgelobten Ehstand/

Mit einem Juncker vberreich/
    Der ihrem Stand ist durchauß gleich/
Thut sie an ein Husecken lang/
    In ihrem Christlichen Kirchgang.

Eines gemeinen Burgers Weib zu Franckfurt.

ZV Franckfurt eines Burgers Weib/
   Gar ehrlich schmücket jhren Leib/
Zu wolgefallen jhrem Mann/
   Dem sie freundlich begegnen kan/

Der Rock mit Leisten fein belegt/
   Ein schwartzen Mantel sie auch tregt
Vber den Kopff/ wann sie jetzt gleich
   Zur Kirchen geht oder zur Leich.

Ein Burgers Weib zu Franckfurt.

ES haben auch ein ander Tracht/
Vor vielen Jaren auffgebracht/
Erbare Franckfurter Weiber/
Für jhre züchtige Leiber/

Wann sie zu hochzeitlichem Fest
Auch beruffen werden/ als Gäst
Sind mit Bruströcken angethan/
Vnd legen schwartze Göller an.

Ein Braut zu Franckfurt.

WAnn sich eins Burgers Tochter hat/
Zu Franckfurt ehlichen bestatt/
Vnd jetzund jhren Kirchgang halt/
Tregt sie ein Burset Rock mit Falt/

Ein Berlen bändlein vmb die Stirn/
Die Haar vmbwunden mit Goldzwirn/
Darüber ein hoher Braut krantz/
Das Koller ist von Sammet gantz.

Ein Franckfurter Magd.

DIe Mägd tragen nach altem Brauch
    Auff ihrem Haupt beltzhauben rauch/
Wann sie auff den Marckt thun lauffen/
    Nach der Notturfft einzukauffen/

Damit man habe zu essen.
    Deß Marckkorbs sie nicht vergessen.
Es ist heur nicht aller dings new/
    Wann gleich mit vnterlaufft Vntrew.

Ein Franckfurter Magd/ so in die Kirchen gehet.

WAnn sich ein Franckfurtische Magd
Bißweilen in die Kirchen wagt/
Vor eiteler grosser Andacht/
Die jhr ist kommen in der Nacht/

Legt sie jhr neuwe Kleider an/
Vnd rüstet sich bald auff die Bahn/
Nimpt Stul vnd Mantel an den Arm/
Vnd bitt/ daß sich Gott jhr erbarm.

Ein Fränckische Fraw vom Adel.

DAs ist die Tracht im Franckenland/
    Den Edlen Frauwen wol bekandt/
Gar artlich in nähen versetzt/
    In mancherley Farben genetzt/

All jhr Geberden/ Gang vnd Red/
    Jhr erbar vnd dapffer anstehet/
Sie weiß ihrm Juncker zu hausen/
    Daß er nicht darff im Strauch mausen.

Ein Fränckische Edele Jungfraw.

EIn Fränckisch Edel Jungfräwlein/
   Weiß sich zu schmücken hübsch vnd fein/
Nach deß Franckenlands Gewonheit/
   Mit Leisten beydes schmal vnd breit/

Vmb die Sorcketen vmbher rund/
   Mit mancherley Farben gar bund/
Das war jhr brauch von altem her/
   Jetzund mags zugehn ohngefehr.

Eins Fränckischen gemeinen Burgers Weib.

EIns Fränckischen Burgers Ehweib
Die sparet gar nicht jhren Leib/
Ist fleissig willig vnd bereit
Zu aller häußlichen Arbeit/

Sie zihet jhre Stiffel an/
Vnd rüstet sich gleich wie ein Mann/
Mit Kötzen/ Karst auff jhrem Rück/
Bauwet den Weinberg auff gut Glück.

Ein Fränckisch Frauw von Würtzburg.

DV fauler Mensch lieber beschaw/
Diese Würtzburgische Haußfraw/
Ob sie wol ist gantz hübsch vnd zart/
So ist doch das der Francken Art.

Der arbeit sie sich nicht schämen/
Ein Rotz auff den Rücken nemen/
Damit sie dem Marckt zu lauffen/
Wann sie was haben zu kauffen.

Ein Geschlechterin von Nürnberg.

ES pflegen die Geschlechterin/
    Wo ferrn ich anders recht dran bin/
An gewönlichen Festtagen
    Solch gattung Kleider zu tragen/

Zu Nürnberg in der werden Statt/
    Das wolgezogen Weiber hat/
Gar Adelich vnd tugentsam/
    Daher ist weit bekennt jhr nam.

Ein Geschlechterin von Nürnberg.

WAnn zu Nürnberg durch die Statt hin
    Gehen wil ein Geschlechterin/
So pfleget sie nach Gewonheit/
    Anzulegen ein solches Kleid/

Ein lang vnd köstlichen Talar/
    Darüber hengt sie ab jhr Haar/
Auff dem Haupt ein klein paretlein/
    Also ist sie gezieret fein.

Ein Braut von den Geschlechtern zu Nürnberg.

In der uralten Statt Nürnberg
    Sihet man noch ein fein alt Werck/
Wann ein Jungfraw zur Eh bestatt/
    Vnd nun auch jhren Kirchgang hat/

So wird sie auff ein alt Manier/
    Jedoch mit gar köstlicher Zier
Geschmücket vnd wol angethan/
    Wie diese Figur zeiget an.

Ein Jungfraw vom Geschlecht zu Nürnberg.

An disem Bild magst beschauwen/
    Wie sich Nürnberger Jungfrauwen/
So von Geschlechtern sind geborn/
    Pflegen zu schmücken lang zuvorn/

Wann sie deß morgens frü auffstehn/
    Vnd eh sie zu der Hochzeit gehn.
Es ist fürwar ein feine Tracht/
    Ohn zweiffel von langem herbracht.

Eins gemeinen Burgers Tochter zu Nürnberg.

MAn findet auch wol Bürgers Kind/
Die mächtig wol gezogen sind/
Nach jhrem Stand auch hübsch gekleidt/
In aller Zucht vnd Erbarkeit/

Schöner Gestalt von Angesicht/
Vnd zu der Arbeit abgericht.
In summa/ Nürnberg ist ein Statt/
Die Gott gar viel zu dancken hat.

Ein Nürnberger Magd.

Zu Nürnberg man auch gar offt pflegt/
    Achtung zu geben auff die Mägd/
Dieweil sie sind guter gestalt/
    Vnd richten auß hurtig vnd bald/

Was jhn befohlen wird zu Hauß/
    Vnd was sie zu schaffen darauß/
Es seye gleich kalt oder warm/
    Streiffen sie hinter sich die Arm.

Ein Fraw von Cöllen.

Zu Cöllen ist der Weiber Art/
    Ob sie wol sind von Natur zart/
Haben sie doch ein grossen Muth/
    Vnd nemmen jhr Keuschheit in Hut./

Sie tragen wie bräuchlich im Land
    Kleider von köstlichem Gewand/
Decken das Haupt ohn vnterlaß/
    Wann sie gehen vber die Straß.

Ein Braut zu Cöllen.

ES sind zu Cöllen an dem Rhein/
    Die Jungfrauwen gar hübsch vnd fein/
Gezieret mit Frombkeit vnd Zucht/
    Mehr dann man hinter jhnen sucht/

Wann nun ein Jungfraw zur Braut wirt/
    Man sie auff dise weise ziert/
Das halten sie mit grossem fleiß/
    Bey vns wer es ein neuwe weiß.

Ein Magd von Cöllen.

ZU Cöllen ist die Gewonheit/
    Daß ledige Töchter allzeit
Ihr Haar sauber eingeflochten
    Auff dem Haupt zusammen pflochten/

Vnd barhauptig einher gehen/
    Doch ist solches zu verstehen/
Von den Mägden in sonderheit/
    An zu zeigen ihre Keuscheit.

Ein Frauw von Ach.

ZU Ach die Keyserliche Kron
    Empfehet der ist erwehlet schon/
Zum Keyser/ daselbst findt man auch
    Gezieret/ nach deß Landes Brauch/

Die Frauwen auff diese Manier/
    Wie hie ist fürgebildet dir/
Zu dem sie auch sind Tugendreich/
    Wiewol sie nicht sind alle gleich.

Ein Jungfraw auß Flandern.

Also pfleget sich in Flandern
  Eine Jungfraw zu zieren gern
Von Angesicht gar wol gestalt/
  Ihr Tugent jederman gefalt/

In Worten ist sie holdselig/
  In Geberden gar Adelich/
Als were sie ein Venus Kind/
  Mit Arbeit hortig vnd geschwind.

Ein Weib auß Flandern.

ES macht an jedem ort das Kleid
    Zwischen den Menschen vnterscheid/
Ein Flandrisch Weib ist angethan/
    Wie diese Figur zeiget an.

Vnd ob sie wol mit Kleidung schlecht/
    Doch handelt sie redlich vnd recht/
Vnd gefellet jhrem Mann wol/
    Nicht mehr ein Weib begeren sol.

Ein Holländerin.

Also kleidet eins Kauffmans Weib
    In Holland ihren schönen Leib/
Wann sie gehet auß ihrem Hauß/
    Ihre Geschäfft zu richten auß/

Sie schlegt die Augen vnter sich/
    Ihr Angesicht ist doch frölich/
Vnd ist gar hortig vnd bereyt
    Zu geben jederman Bescheid.

Ein Brabändische Niderländerin.

ALso kleiden sich in Brabant
    Die Weiber mit gutem Gewand/
Wann sie gehen für erbar Leut/
    Wie ich selber gesehen heut/

Doch kan man jhr schöne Gestalt
    Mit Händen nicht abmahlen bald/
Sie sind auch willig vnd bereyt
    Zu aller Weiblichen Arbeyt.

Ein Niderländerin vom Adel.

EIn Fraw im Niderland geborn/
 Von Adelichem Blut erkorn/
Pfleget sich zu zieren also/
 Wie dir ist fürgemahlet do/

Nicht vngleich den Armeniern
 Den sie hierinnen folgen gern/
Sonst ist jhr Lob/ Zucht/ Erbarkeit/
 Vnd Ehr berühmet weit vnd breit.

Ein Niderländische Magd.

ES tragen auch im Niderland
  Die Mägd Kleider nach jhrem Stand/
Wies ein jede erzeugen kan/
  Als dise Figur zeiget an/

Sie sind auch jhrer Mutter Kind/
  Ob sie gleich etwas schmutzig sind/
Von Arbeyt vnd der Küchen rauch/
  So sind sie doch zu loben auch.

Ein Fraw von Lübeck.

Lübeck die rechte Handelstatt
  Dapffere frische Weiber hat/
Gleichwol ohn allen pracht geziert/
  Jedoch wol proporcioniert/

Bey jhnen ist kein Heucheley/
  Sie sagen wies geschaffen sey/
Auff Zucht vnd alle Erbarkeit
  Ist auch gerichtet jhr gantz Kleid.

Ein Edelfraw auß Schweden.

Jn dem Schwedischen Königreich
　　Ist die Kleidung nicht durchauß gleich.
Ein Frauw vom Adel schmücket sich/
　　Wie dise Figur lehret dich.

Da sihet man mit vberdruß
　　In Kleidung keinen vberfluß
Es sind die Weiber in gemein/
　　Gantz erbar/ züchtig/ keusch vnd rein.

Ein Böhemin von Prag.

DIse figur fleissig anschaw/
    Also bekleidet sich ein Fraw/
Zu prag weit in dem Behmer Land/
    Welche schon einen Mann erkandt/

Ob sie wol auch sind schön vnd zart/
    Vnd von einer geschlachten Art/
Haben sie doch in jhrer Tracht
    Gar keinen sonderlichen pracht.

Ein alte Böhmische Fraw.

WAnn nun ein Böhmisch Weib wird alt/
Vnd verleuret jhr schön Gestalt/
Verändert sie die vorig Zier/
Gar auff ein andere Manier/

Vnd kleidet sich nach jhrem Stand/
Wie bräuchlich ist im selben Land/
Vnd ist fast also angethan/
Wie dise Figur zeiget an.

Ein Edelfraw in Hungern.

EIn Edelfrauw jung/ reich vnd zart
    Ist bekleidet auff dise art/
Wie diese Figur außweiset/
    Ihr Tugend sie gar wol preiset.

Wann sie sich anders kleiden wolt/
    Das Landvolck sie verspotten solt/
Als die der Hungern erbar Tracht
    Ohn alle vrsachen veracht.

Ein Braut zu Dantzig.

ES ligt ein Statt in preussenland
    Gar weit berühmbt Dantzig genannt/
Wann da ein Jungfraw wol gestalt
    Ihren Christlichen Kirchgang halt/

Wird sie auff diese weiß geziert/
    Wann man sie zu der Kirchen führt/
Ich hab mein Lebtag nie gesehn
    Ein schöner Braut zu Kirchen gehn.

Ein Magd zu Dantzig.

DAs ist der Mägd zu Dantzig Tracht/
Von vielen Jaren her gebracht/
Wann sie Wasser tragen zu Hauß/
Wie diese Figur weiset auß.

Wiewol jhr Kleidung ist gering/
So ist es doch ein wunder ding/
Daß man jhr nicht entrathen kan/
Vnd findet jede jhren Mann.

Ein Fraw auß Lifland.

ALso kleidet sich in Lifland/
    Ein Ehweib in gemeinem Stand/
Wann sie vielleicht in jhrer Statt/
    Bey Leuten was zu schaffen hat/

Bey vns wird eine gar verlacht /
    Wenn man sie seh in solcher Tracht/
Doch ist es in Lifland ein ehr/
    Wann ein Fraw also geht daher.

Ein fürneme Liessländische Fraw.

WAnn in Liffland ein fürnemm Weib
 Zu ehren schmücket jhren Leib/
So leget sie sich also an/
 Wie dise Fraw ist angethan/

Sie hat ein Deck auff jhrem Kopff/
 Gleich wie ein außgespitzter Topff/
Ein Mäntelein gefüttert rauch/
 Also ist es im Land der Brauch.

Ein Liffländische Edelfraw.

Jn Lieffland weit ist diese Tracht
  Bey Edelfrauwen hoch geacht/
Darbey kan man bald erkennen/
  Daß sie sich vom Adel nennen/

Vnd haben in dem Hinterhalt
  Vor andern Weibern mehr Gewalt/
Ein frembder solt gedencken frey/
  Es wer ein neuwe Mummerey.

Ein fürnemm Weib in der Moscaw.

Also gehet in der Moscaw
  Gekleidet ein fürneme Fraw.
Wann sie sich muß auß ihrem Hauß
  Begeben auff die Gaß hinauß/

Etwann zu einem Freudenfest/
  Kein pracht sie vnterwegen leßt/
Von peltz ist fast ihr beste Tracht/
In der Moscaw gar hoch geacht.

Ein Polnische Matron.

EIn polnische Fraw von gutem Gschlecht
  Auff dise weiß sich kleidet recht/
Wie es bräuchlich ist in Polen/
  Daselbst darff man nicht erst holen

Von frembden Orten neuwe Tracht/
  Die bey jhnen nicht her gebracht
Sondern tragen nach jhrem Brauch
  Kleider mit Peltz gefüttert rauch.

Ein Edelfraw in Lotharingen.

Also gehet ein Edelfraw
    Geschmücket wie ein schöner pfaw
In Lotharingen/ ausserm Hauß/
    Von Füssen an biß oben auß.

Wann du die Tracht gern wissen wilt/
    Magstu besehen dises Bild/
Ihr Tugent/ Zucht vnd Erbarkeit
    Ist lengest bekannt weit vnd breit.

Ein Jungfraw auß Burgund.

Also kleidet sich in Burgund
 Ein Jungfraw heut zu diser Stund/
Wann sie wil auff ein Hochzeit gahn/
 Oder selbs nemmen einen Mann.

Das Kleid ist von gutem Gewand/
 Zugericht von kunstreicher Hand/
Darin sich spiegelt die Jungfraw/
 Wie ein schöner vnd stolzer Pfaw.

Ein Edelfraw in Franckreich.

WJewol die Weiber in Franckreich
　　An Reichtumb nicht sind alle gleich/
Das sie vermöchten gleichen Schmuck
　　Die Armuth halt gar viel zuruck/

So kleidet sich doch auff die Schaw
　　Eine junge reiche Edelfraw
Auff dise weiß/ wie fürgemahlt/
　　Ihr Mann den Kosten gern bezahlt.

Ein Edle Matron zu Leon.

ES sind die Weiber zu Leon
In Franckreich gezieret gar schon/
Mit Leibs Gestalt vnd erbarm Schmuck/
Wie dir fürbildet dieser Truck.

Jhre Tugend weiß ich nicht all/
Ein ander sie beschreiben soll.
Eins weiß ich/ daß sie freundlich sind
Anzusehen/ wie Venus Kind.

Ein Edelfraw von Pariß.

WIewol in Franckreich vberal
  Schön Weiber zu finden ohn zahl/
Doch behaltet hierin den preiß
  Die weitberühmte Statt pareiß.

Da findt man von gutem Adel
  Viel frommer Weiber ohn Tadel/
Geschmücket vnd gezieret so
  Wie difes Weib stehet alldo.

Ein Edle Jungfraw in Franckreich.

Allhie stehet auff vnser Schaw
    Vom Adel ein schöne Jungfraw
Gerades Leibs vnd Glieder zart/
    Geschmückt nach der Frantzosen Art/

Ihr Tugend jederman bekannt/
    Wird gepriesen in gantzem Land/
Sie wolt sich verheyraten gern
    Mit eim Frantzößschen Junckhern.

Ein Fraw auß Engelland.

EIn Edelfraw in Engelland
　Ist geschmücket nach jhrem Stand/
Wann sie also ist angethan/
　Wie dise Figur zeiget an.

Darinn hat sie jhr recht Gestalt/
　Auch jhrem Mann gar wol gefalt/
Vnd wann sie ander Kleider trüg/
　Jhr Mann sie zu dem Hauß außschlüg.

Ein Engelische Fraw von Londen.

WAnn ein Weib gehet auß dem Hauß
  Ihre Geschäfft zu richten auß/
Zu Londen vber die Strassen/
  Schmücket sie sich allermassen/

Wie dises Weib gemahlet ist/
  Dem an schöne gar nichts gebrist/
So ist sie sonst stattlich geziert/
  Am Leib wol proportionirt.

Ein Weib auß Hispanien.

Also bekleidet sich mit fleiß
    Ein Weib nach Hispanischer weiß/
Vom Haupt herab biß auff die Erd/
    Es wer manchem ein groß Beschwerd/

Wann er solt tragen auff ein mal
    So viel Gewand in nechsten Saal.
Sie haltets aber für ein Ehr/
    Wann es noch einmal wer so schwer.

Ein Fraw von Bononien.

Zv Bononien schmücket sich
    Ein junge Fraw gar säuberlich/
Mit gutem vnd reinem Gewand/
    Nach jhrem Adelichen Stand/

So gut sie es erzeugen kan/
    Darinn gefallt sie jhrem Mann/
Zu dem sie sich gar freundlich halt/
    Biß sie beysammen werden alt.

Ein Jungfraw von Bononien.

DAs ist ein Bononisch Jungfraw/
    Gewachsen in deß Himmels Taw.
Von Angesicht gar schön formiert/
    Am Leib wol proporcionirt/

Kompt von Adelichem Samen/
    Behalt jhren guten Namen/
Mit Kleidern zum besten staffiert
    Mit Zucht vnd Erbarkeit geziert.

Ein Fraw von Senis.

Als ich newlich gehn Senis kam/
    Kein ding mich grösser wunder nam/
Dann daß die Senischen Weiber
    Hetten solche schöne Leiber/

Wer sie ansihet/ dem gefalt
    Ihr gantz Adeliche Gestalt/
Zu dem sind sie auch wol geschmückt/
    Wie hie auff dem papir getrückt.

Ein Edelfraw von Vicentz.

In der Venediger Herrschafft
  Liget die Statt Vicentz namhafft/
Da findet man Edel Frauwen/
  Gar holdselig anzuschauwen/

Vnd lassen sich freundlich mercken/
  Beydes in Worten vnd Werken/
Gehen auch in zierlichem Schmuck/
  Wie fürbildet dises Kunststuck.

Ein Weib von Placentz.

WAnn einer suchen wolt ein Weib/
    Nach seinem Wundsch für seinen Leib/
So wer mein endlicher Sentent;/
    Er solt hin reisen nach Placent;/

Auffs aller baldest vnd noch heut/
    Da findet man gar schöne Leuth/
Die sind aller massen geziert/
    Wie dises Bild representirt.

Ein Edelfraw von Padua.

ZV Padua der Welschen Statt/
    Es auch gar schöne Weiber hat/
Der Adel ist gekleidet schier
    Auff fürgeschriebene Manier.

Vnd bleibet gern bey diser Tracht/
    Wann ein dieselbige veracht/
So wird man auch nicht wol mit jhr/
    Zufrieden seyn/ das glaube mir.

Ein Edelfraw von Mantua.

EIn Weib zu Mantua geborn
    Von gutem Adel außerkorn/
Vnd von jhrer zarten Jugend
    Erzogen in aller Tugend/

Bekleidet sich mit allem fleiß
    Auff dise fürgemahlte weiß/
Dann es ist ja ein schönes pferd/
    Auch wol eines schönen Zeugs werd.

Ein Edle Fraw von Ferrar.

ES ist bekannt vnd offenbar/
    Daß schön Weiber sind zu Ferar/
Vnd sonderlich Edle Frauwen/
    Die lassen sich gar wol schauwen/

Sie leuchten klar von Angesicht/
    An Tugent jhnen nicht gebricht/
Jhr Tracht ist auch also gethan/
    Wie dise Figur zeiget an.

Ein Fraw von Verona.

HJe sihestu vor Augen stohn/
    Eines Burgers Weib von Veron/
Von Angesicht gar schön vnd zart/
    Gekleidet nach deß Landes art/

Mit Rocken ist sie nicht vngleich
    Andern Weibern im Königreich/
Allein ist außgespitzt der Kopff/
    Gleich wie ein alter Wiedehopff.

Ein Jungfraw von Florentz.

DIe Jungfrauwen sind zu Florentz/
 Viel schöner nach meinem Sentent/
Vnd soviel auch mir ist bekandt/
 Dann sonst in gantzem Welschenland.

Auch wissen sie gar wol den pracht
 Zu führen in der Kleider Tracht/
Ein ledig Jungfraw zieret sich/
 Wie dise Figur lehret dich.

Ein Fraw von Florentz.

ALso bekleidet ihren Leib
  Zu Florentz ein schön junges Weib/
Sie traget zwar ein blosse Brust/
  Doch ihrem Mann allein zum Lust/

Ein ander soll seine Augen
  Abwenden von frembden Frauwen/
Ihrs eignen Manns ists/ was drin steckt/
  Es sey gleich bloß oder bedeckt.

Ein Neapolische Jungfraw.

ES mag jederman beschauwen/
　　Dise gemahlte Jungfrauwen/
Dann wie sie ist abconterfeit/
　　Also geht auch in jhrem Kleid

Ein Tochter von Neapolis/
　　Die noch kein Heyraht weiß gewiß/
Doch wartet sie drauff alle Stund/
　　Dieweil sie frisch ist vnd gesund.

Ein ehrliche Matron von Neapolis.

Jch kan euch sagen für gewiß/
    Schön Leuth sind zu Neapolis/
Von Gliedern vnd von Angesicht/
    Auch ist alle Kleidung gericht

Der Weiber/ allein auff den pracht/
    Vnd wird hierin wenig geacht
Des Kostens/ ein Weib also geht/
    Wie dieses Bild für Augen steht.

Ein fürneme Fraw auß Italien.

ALso sind in Italien
    Geschmücket erbar Matronen/
Die von eim guten Geschlecht sind/
    Wie man derselben gar viel sind.

Wann sie auß jhren Häusern gehn/
    Vnd etwan auff der Gassen stehn.
Sind sonst gar zart von Angesicht/
    Wie ich von leuthen werd bericht.

Ein fürneme Fraw von Rom.

Also pfleget ein Römisch Weib/
Zu zieren jhren schönen Leib/
Wann sie ist von gutem Geschlecht/
Nach der Statt Rom herbrachtem Recht/

Wenn sie villeicht gehn auß dem Hauß/
Wie dise Figur weiset auß/
Steht wol vnd ist ein erbar Tracht/
Wann man es nur nicht vbermacht.

Ein Junge Fraw zu Rom.

GLeich wie ein hoffertiger pfaw/
    Mit seinen Federn grün vnd Blaw/
Ein redlein macht/ vnd spiegelt sich:
    Also geht auch gantz hoffertig

In der Statt Rom ein junge Frauw
    Vnter Leuthen/ als auff der Schaw/
Vnd streichet sich stattlich herauß/
    Wie diese Figur weiset auß.

Ein Römische Jungfraw.

DAs ist ein sonderliche Tracht/
    Zu Rohm von langem hergebracht/
Darinn sich schöne Jungfrawen/
    Offentlich gern lassen schauwen.

Wann sie damit sind angethon/
    Beduncken sie sich mächtig schon/
Es ist auch dises Ehrenkleid
    Mit grossem Kosten zu bereit.

Ein vnzüchtig Weib zu Rom.

ZV Rom ist es heur nicht mehr new/
    Daß Weibs personen ohne schew/
Vnzüchtig vnd schändlich leben/
    Ihren Leib zu schänden geben/

Vmb vergengliches Gelts willen/
    Vnd jhre Geilheit zu stillen/
Wann sie tags auff der Gassen gahn/
    So siht man sie für fromb Leuth an.

Die Herzogin von Venedig.

BEShe fleiffig difes Bild/
    Wann du vielleicht gern wiſſen wilt/
Wie köſtlich vber den Leib hin
    Geſchmücket ſey ein Herzogin

Zu Venedig in Welſchem Land/
    Das wenig Leuthen iſt bekandt/
Man findt in Teutſcher Nation
    Kein ſo wol geziert Weibs perſon.

Ein Geschlechterin von Venedig.

ALso bekleidet jhren Leib
    Ein junges Venedisches Weib/
Wann sie ist von gutem Geschlecht/
    Ihren Kopff treget sie auffrecht/

Vnd schmücket sich ein Edle Fraw
    Gleich wie ein gespigelter pfaw.
Als dise Figur zeiget an/
    Die du sthest für augen stahn.

Ein Venedische Braut von Geschlechtern.

WAnn zu Venedig eine Braut
  Versprochen hat eim Mann jhr Haut/
Vnd soll halten jhren Kirchgang/
  Darauff sie nun gewartet lang/

So schmücket sie sich hübsch vnd fein/
  Wie außweiset der Augenschein/
Ich glaub nicht daß man schöner Leut
  Finden mög/ als Venedisch Bräut.

Ein Venedische Jungfraw von Geschlechtern.

VEnedig die berühmmte Statt
  Gar viel schöner Jungfrauwen hat/
Gezieret auff das aller best/
  Kein pracht man vnter wegen lest/

Sonderlich wanns vom Adel sind/
  So leuchten sie wie Venus Kind/
Wann sie auff gemeinen Gassen
  Sich etwan anschauwen lassen.

Ein Geschlechterin zu Venedig im Sommerkleid.

JM Sommer wann die Sonn warm scheint/
   Vnd Venedische Weiber seind/
Von den Vralten Geschlechtern/
   Die auß jhrem Hauß giengen gern/

Vor essens sich zu erquicken
   Damit sie nun nicht ersticken/
So legen sie sich lüfftig an/
   Wie dise Figur ist gethan.

Ein Venedische Matron.

WEnn sich ein fürneme Matron
    Zu Venedig thut auff den plan/
So siht man sie auff dise weiß
    Gezieret seyn mit allem fleiß/

Mit dem allerbesten Gewand/
    So man kan haben in dem Land/
Das muß auch zierlich seyn bereit/
    An zu zeigen jhr Herrligkeit.

Ein Bürgerin zu Venedig.

Zu Venedig eins Burgers Weib
    Also bekleidet jhren Leib/
Wie diese Figur zeiget an/
    Die du vor dir hie sthest stahn/

Das Angesicht bedeckt sie rein/
    Die Brust muß fast fornher bloß seyn.
Sonst sind jhre Kleider gemacht/
    Nach der Aphricanischen Tracht.

Ein Edel Jungfraw in Meyland.

DEr Jungfrawen Zucht in Meyland
 Ist allenthalben wol bekandt.
Deßgleichen jhr schöne Gestalt/
 Fast jedermeniglich gefalt/

Von Angesicht sind sie fast zart/
 Vnd durchauß holdseliger Art.
Die Kleidung stehet jhn wol an/
 Wann sie nach Landsbrauch angethan.

Ein Edelfraw zu Meyland.

WAnn ein junge Fraw vom Adel
   In Meyland lebet ohn tadel/
wann sie gehet auß ihrem Hauß
   Ihre Geschäfft zu richten auß/

So darff sie sich schmücken also/
   Wie dise Figur stehet do/
Sonst ist ihr Zucht vnd Erbarkeit
   Gar wol berühmet weit vnd breit.

Camilla deß Türckischen Sultans Tochter.

CAmilla von Türckischem Stamm
 Von Art hoffertig vnd grausam/
Von Leib einer guten Gestalt/
 Vnd sonst gezieret manigfalt/

Gekleidet auch gar hübsch vnd fein/
 In Golt/ perlen/ Edelgestein/
An Schmuck vnd pracht jhr gar nichts felt/
 Wie fürbildet dieses Gemeld.

Ein onzüchtige Türckin.

DAs ist ein onzüchtiges Weib/
   Welche jhren vnkeuschen Leib
Verkauffet vmb schändliches Gelt
   Einem Buler der jhr gefelt/

Von demselbigen Sündenlohn
   Kleidet sie sich denn hübsch vnd schon/
Daß sie mit jhrem falschen Schmuck
   Die Türcken desto eh beruck.

Ein Fraw auß Peruuia

ES ligt gar weit in India
    Ein Insul heißt Peruuia/
Darinn die Weiber dise Tracht
    Halten für ein besondern pracht/

Meynen sie seyen wol formirt/
    Wann sie auff dise weiß geziert/
Wiewol sie nun ein ander Art/
    Gelehrnet von frembder Schiffart.

S. Catharinen Orden.

SAnct Catharina die Jungfraw
　　Ein vorbild der Keuscheit beschaw/
Sie wolt lieber ohn Eh leben/
　　Dann sich in Ehstand begeben/

Nicht daß sie den Ehlichen Stand
　　Gehalten hett für eine Schand/
Sondern daß sie lediger weiß
　　Gott dienen möcht mit jhrem fleiß.

S. Catharinen Leyen Orden.

SAnct Catharina die Jungfraw
    Spiegelte sich nicht wie ein pfaw/
Mit stolzer Kleidung für der Welt/
    Fraget auch nicht nach Gut vnd Gelt/

Sie dienet aber Gott dem HERRN/
    Hört vnd bekennet sein Wort gern/
Litt vmb seinet Willen den Tod/
    Vnd befalh sich jhm in der Noth.

S. Brigitten Orden.

SAnct Brigitta die Jungfraw zart/
   Hat jhre Keuscheit wol verwart/
Lediger weiß/ vnd im Ehstand/
   Wie auß der Legent ist bekandt/

In jhrem Witwen Stand deß gleich/
   Sie sich gehalten Tugentreich.
In jhrem Orden leben viel/
   Die nicht erreichen dieses ziel.

Weiſſe Nonnen ſchwartz geweilert.

ES iſt auch erfunden worden/
   Vor Jaren ein ander Orden/
Vnter dem Weiblichem Geſchlecht/
   Daß man darinn ſolt leben recht/

Jhr Kleider trugen ſie mit fleiß
   Von Gewand/ das war durchauß weiß/
Allein ein Weiler war erlaubt
   Von ſchwartz zu tragen auff dem Haupt.

Ein Beginn.

EIn ander Weiber Orden war/
 Die hatten sich begeben zwar
Ein zeitlang ins Kloster Leben
 Nach grosser Frombkeit zu streben/

Wann sie nun die Gottseligkeit
 Erlehrnet im Beginnen Kleid/
Dann war es jhnen keine Schand/
 Sich zu begeben in Ehstand.

S. Clara Orden.

Zu Assis in der alten Statt
    Die fromb Jungfraw gewohnet hat
Geboren von gutem Adel/
    Vnd gelebet ohne Tadel/

Hat viel edele Jungfrauwen
    Im Christenthumm wol erbauwen/
Die sich jhrs Ordens rühmen nun/
    Ein solchen Habitum anthun.

Der Rheuwerin Orden.

ALso giengen vor zeiten her
    Die Weiber so man nennt Reuwer/
Das Angesicht verhülten sie
    Mit einem Tuch biß auff die Knie/

Ihr Tracht war von weissem Gewand/
    Der Wandel jederman bekannt/
Niemand schier jetzt bereuwen wil
    Sein Sünd/ ob man wol sündigt viel.

Ein Stifftfraw.

WAnn vor zeiten ward eingeführt
    Ein keusche Fraw/ wie sichs gebürt/
Auff einen Stifft zum Gottesdienst/
    Daß sie darinn nicht wer die minst/

So kleidet sich das Fräwlein zart/
    Nach deß weltlichen Stifftes art/
Vngefehrlich solcher gestalt/
    Wie fürgemaltes Bild inhalt.

Orden der Krancken Warterin.

EIn ander Orden ward gestifft/
 So allein die Weiber antrifft/
Die waren all schwartz angethan/
 Von vnten auff biß oben an/

Sie warteten der Krancken leuth/
 Darvon gar offt ein gute Beut
Bestecken blieb jhrem Orden/
 Von dem sie dar geschickt worden.

Ueberſicht der Contrafacturen im Frawenzimmer.

1. Die Keyſerin.
2. Ein Königin.
3. Königin in Franckreich.
4. Ein Königin in Hiſpanien.
5. Ein Fürſtin in Hiſpanien.
6. Ein Teutſche Fürſtin.
7. Ein Teutſche Fürſtin.
8. Ein Teutſche Gräffin.
9. Ein Jungfraw auß der Fugger Geſchlecht.
10. Ein Edelfraw in Heſſen.
11. Ein Pfältziſche Edelfrauw.
12. Eins Burgers Weib zu Heidelberg.
13. Ein Speieriſche Frauw.
14. Ein Sächſiſche Edelfraw.
15. Ein Sächſiſch edle Jungfraw.
16. Ein Meichſniſche Edle Matron.
17. Ein Meichſniſche Edelfraw in der Klag.
18. Ein Meiſniſche Edel Jungfraw.
19. Ein Leipziſche Matron.
20. Ein Leipziſche Jungfraw.
21. Ein Jungfraw auß Thüringen.
22. Ein Schleſiſche Braut.
23. Ein Fraw auß Schleſien.
24. Ein Fraw in Oeſtereich.
25. Ein Schwäbiſche Jungfraw.

Uebersicht der Contrafacturen im Frawenzimmer.

26. Ein Schwäbin von Hall.
27. Ein Augspurger Jungfraw.
28. Ein Geschlechterin zu Augspurg.
29. Eins gemeinen Burgers Fraw zu Augspurg.
30. Ein andechtige Fraw zu Augspurg.
31. Ein Augspurger Magd.
32. Ein Straßburger Fraw.
33. Ein Fraw von Basel.
34. Ein Jungfrauw von Zürich.
35. Ein Geschlechterin zu Franckfort am Mayn. Wiederholung von Nr. 28.
36. Eins Junckers Tochter zu Franckfurt.
37. Ein Braut zu Franckfurt von den Geschlechterin.
38. Eines gemeinen Burgers Weib zu Franckfurt.
39. Ein Burgers Weib zu Franckfurt.
40. Ein Braut zu Franckfurt.
41. Ein Franckfurter Magd.
42. Ein Franckfurter Magd/ so in die Kirchen gehet.
43. Ein Fränckische Fraw vom Adel.
44. Ein Fränckische Edele Jungfraw.
45. Eins Fränckischen gemeinen Burgers Weib.
46. Ein Fränckisch Frauw von Würtzburg
47. Ein Geschlechterin von Nürnberg.
48. Ein Geschlechterin von Nürnberg.
49. Ein Braut von den Geschlechtern zu Nürnberg.
50. Ein Jungfraw vom Geschlecht zu Nürnberg.
51. Eins gemeinen Burgers Tochter zu Nürnberg.
52. Ein Nürnberger Magd.
53. Ein Fraw von Cöllen.
54. Ein Braut zu Cöllen.
55. Ein Magd von Cöllen.

Uebersicht der Contrafacturen im Frawenzimmer.

56. Ein Frauw von Ach.
57. Ein Jungfraw auß Flandern.
58. Ein Weib auß Flandern.
59. Ein Holländerin.
60. Ein Brabändische Niderländerin.
61. Ein Niderländerin vom Adel.
62. Ein Niderländische Magd.
63. Ein Fraw von Lübeck.
64. Ein Edelfraw auß Schweden.
65. Ein Böhemin von Prag.
66. Ein alte Böhmische Fraw.
67. Ein Edelfraw in Hungern.
68. Ein Braut zu Dantzig.
69. Ein Magd zu Dantzig.
70. Ein Fraw auß Liffland.
71. Ein fürneme Liefflandische Fraw.
72. Ein Lifflandische Edelfraw.
73. Ein fürnemm Weib in der Moscaw.
74. Ein Polnische Matron.
75. Ein Edelfraw in Lotharingen.
76. Ein Jungfraw auß Burgund.
77. Ein Edelfraw in Franckreich.
78. Ein Edle Matron zu Leon.
79. Ein Edelfraw von Pariß.
80. Ein Edle Jungfraw in Franckreich.
81. Ein Fraw auß Engelland.
82. Ein Engelische Fraw von Londen.
83. Ein Weib auß Hispanien.
84. Ein Fraw von Bononien.
85. Ein Jungfraw von Bononien.
86. Ein Fraw von Senis.

Uebersicht der Contrafacturen im Frawenzimmer.

- 87. Ein Edelfraw von Vicentz.
- 88. Ein Weib von placentz.
- 91. Ein Edle Fraw von Ferrar.
  Wiederholung von Nr. 78.
- 89. Ein Edelfraw von Padua.
- 90. Ein Edelfraw von Mantua.
- 92. Ein Fraw von Verona.
- 93. Ein Jungfraw von Florentz.
- 94. Ein Fraw von Florentz.
- 95. Ein Neapolische Jungfraw.
- 96. Ein ehrliche Matron von Neapolis.
- 97. Ein fürneme Fraw auß Italien.
- 98. Ein fürneme Fraw von Rom.
  Wiederholung von Nr. 85.
- 99. Ein Junge Fraw zu Rom.
- 100. Ein Römische Jungfraw.
- 101. Ein vnzüchtig Weib zu Rom.
- 102. Die Hertzogin von Venedig.
- 103. Ein Geschlechterin von Venedig.
- 104. Ein Venedische Braut von Geschlechtern.
  Wiederholung von Nr. 9.
- 105. Ein Venedische Jungfraw von Geschlechtern.
- 106. Ein Geschlechterin zu Venedig im Sommerkleid.
- 107. Ein Venedische Matron.
- 108. Ein Bürgerin zu Venedig.
- 109. Ein Edel Jungfraw in Meyland.
- 110. Ein Edelfraw zu Meyland.
- 111. Camilla deß Türckischen Sultans Tochter.
  Wiederholung von Nr. 88.
- 112. Ein onzüchtige Türckin.
- 113. Ein Fraw auß Peruuia.

Uebersicht der Contrafacturen im Frawenzimmer.

114. S. Catharinen Orden.
115. S. Catharinen Leyen Orden.
116. S. Brigitten Orden.
117. Weisse Nonnen schwartz geweilert.
118. Ein Beginn.
119. S. Clara Orden.
120. Der Rheuwerin Orden.
121. Ein Stifftfraw.
     Wiederholung von Nr. 63.
122. Orden der Krancken Warterin.

www.ingramcontent.com/pod-product-compliance
Lightning Source LLC
Chambersburg PA
CBHW031325160426
43196CB00007B/669